BEI GRIN MACHT SI
WISSEN BEZAHLT

- Wir veröffentlichen Ihre Hausarbeit,
  Bachelor- und Masterarbeit

- Ihr eigenes eBook und Buch -
  weltweit in allen wichtigen Shops

- Verdienen Sie an jedem Verkauf

Jetzt bei www.GRIN.com hochladen
und kostenlos publizieren

Bibliografische Information der Deutschen Nationalbibliothek:

Die Deutsche Bibliothek verzeichnet diese Publikation in der Deutschen National-
bibliografie; detaillierte bibliografische Daten sind im Internet über http://dnb.d-
nb.de/ abrufbar.

Dieses Werk sowie alle darin enthaltenen einzelnen Beiträge und Abbildungen
sind urheberrechtlich geschützt. Jede Verwertung, die nicht ausdrücklich vom
Urheberrechtsschutz zugelassen ist, bedarf der vorherigen Zustimmung des Verla-
ges. Das gilt insbesondere für Vervielfältigungen, Bearbeitungen, Übersetzungen,
Mikroverfilmungen, Auswertungen durch Datenbanken und für die Einspeicherung
und Verarbeitung in elektronische Systeme. Alle Rechte, auch die des auszugsweisen
Nachdrucks, der fotomechanischen Wiedergabe (einschließlich Mikrokopie) sowie
der Auswertung durch Datenbanken oder ähnliche Einrichtungen, vorbehalten.

Impressum:

Copyright © 2018 GRIN Verlag
Druck und Bindung: Books on Demand GmbH, Norderstedt Germany
ISBN: 9783668746800

Dieses Buch bei GRIN:

https://www.grin.com/document/432567

Sascha Kästner

Digitalisierung in Schulen. Revolution des Lernens durch digitale Medien

GRIN Verlag

GRIN - Your knowledge has value

Der GRIN Verlag publiziert seit 1998 wissenschaftliche Arbeiten von Studenten, Hochschullehrern und anderen Akademikern als eBook und gedrucktes Buch. Die Verlagswebsite www.grin.com ist die ideale Plattform zur Veröffentlichung von Hausarbeiten, Abschlussarbeiten, wissenschaftlichen Aufsätzen, Dissertationen und Fachbüchern.

Besuchen Sie uns im Internet:

http://www.grin.com/

http://www.facebook.com/grincom

http://www.twitter.com/grin_com

Digitalisierung in Schulen

Revolution des Lernens durch digitale Medien

Inhaltsverzeichnis

1. Einleitung 3

2. Begriffserklärung 4

   2.1 Digitalisierung und digitale Medien 4

   2.2 Medienbegriff 4

3. Historische Entwicklung von Medien im Unterricht 5

4. Möglichkeiten des Einsatzes digitaler Medien in Schulen 6

   4.1 Computerräume 6

   4.2 Medienecken in Klassen- und Fachräumen 7

   4.3 Notebook-Wagen oder Tablet-Koffer 7

   4.4 Notebook-Klassen, Netbook-Klassen oder Tablet-Klassen 8

   4.5 Bring your own Device (BYOD) 9

   4.6 Beamer und interaktive Whiteboard's 10

5. Herausforderungen für die Schulen 10

6. Vor- und Nachteile digitaler Medien 12

   6.1 Vorteile der digitalen Medien 12

   6.2 Nachteile der digitalen Medien 14

7. Mögliche Zukunft 15

8. Fazit 16

9. Literaturverzeichnis 18

10. Internetquellenverzeichnis 19

1. Einleitung

Die Schule ist ein Ort der Bildung und Wegweiser für die spätere berufliche Zukunft. Aus diesem Grund sollten Schule und Unterricht stets zeitgemäß, attraktiv und strukturiert sein. Dafür sind nicht nur die richtigen Lehrmethoden nötig, sondern auch der richtige Einsatz von Medien. „Medieneinsatz weist in der Schule bekanntermaßen eine lange Tradition auf."[1] Die ersten Medien in der Antike waren der Mensch als Medium und das Lehrbuch. Bis heute entwickelten sich die eingesetzten Medien immer weiter. So nutzen die Lehrenden Bilder, Stauen und mit der Erfindung des Buchdrucks kamen die Schulbücher als Massenmedium dazu. Später fanden auch Fernseher, Radio und Polylux den Weg in den Unterricht. Heute werden die Schüler und Lehrer immer mehr mit digitalen Medien konfrontiert. Man kann hier von einer wahren Revolution des Unterrichts sprechen. Die heutigen Jugendlichen nutzen in Ihrer Freizeit immer mehr digitale Medien wie Smartphone, MP3-Player oder Computer. Genau diese digitalen Medien gewinnen auch immer mehr an Bedeutung in der Schule und mit ihnen ist eine ganz neue Form des Unterrichts möglich geworden. „Wo früher der Lehrer vor der Klasse stand und etwas vorgegeben, vorgesagt, vorgemacht, vorgesungen hat, wo er memorierte und katechisiert hat und wo die Schüler nachgesagt, nachgemacht, nachgesungen haben, sind heute Medien und Materialien zwischengeschaltet. Dadurch wird es für die Schüler einfacher, kritische Distanz zum Unterrichtsinhalt zu entwickeln, es besteht aber auch die Gefahr, dass der Umgang mit den vielfältigen Medien und Materialien unverbindlicher wird."[2]

In meiner Arbeit möchte ich untersuchen, welche Möglichkeiten man mit digitalen Medien in der Schule hat, wie diese eingesetzt werden können und welche Vor- und Nachteile es gibt. Weiterhin möchte ich zeigen vor welchen Problemen die Einführung der digitalen Medien steht und wie die Entwicklung in Zukunft weitergehen könnte.

---

[1] Albers, Carsten, Magenheim, Johannes, Meister, Dorothee M. (Hrsg.), *Schule in der Digitalen Welt: Medienpädagogische Ansätze und Schulforschungsperspektiven* (Band 8), Wiesbaden : VS, Verl. für Sozialwiss., 2011, S. 7.

[2] Meyer, Hilbert, *Unterrichtsmethoden*, Frankfurt am Main: Cornelsen Scriptor, 1987, S. 87.

2. Begriffserklärung

2.1 Digitalisierung und digitale Medien

„Mit dem Begriff »Digitalisierung« [...] soll die Tatsache beschrieben werden, dass analoge Daten zunehmend in die digitale Form überführt werden oder Daten direkt digital erfasst werden. »Digital« bedeutet, dass sich alle möglichen Daten [...] mit dem gleichen Alphabet, bestehend aus den beiden Zeichen 0 und 1, darstellen lassen. Die streng genommen »binär« zu nennende Darstellung erlaubt es. Alle Daten elektronisch in einem einzigen Gerät - dem Computer - zu speichern."[3] Der Computer gewinnt in allen Bereichen der Gesellschaft immer mehr an Bedeutung, so auch in der Schule. Neue digitale Medien lösen die alten Medien ab. „Ende der Kreidezeit, Tablets statt Schiefertafeln."[4]

2.2 Medienbegriff

Was ist überhaupt ein Medium? Der Begriff Medium stammt vom lateinischen Adjektiv medius, welches soviel bedeutet wie „vermitteln". „Was aber ein Medium ist, oder was Medien sind, ist [...] vieldeutig."[5] So ist ein Medium im naturwissenschaftlichen Bereich ein Träger chemischer oder physikalischer Prozesse, die Sprache ist ein Medium um Informationen zu übertragen und auch Film, Fernseher, Computer oder auch Internet sind technische Medien. Medien sind ganz grob gesagt, Träger und Vermittler von Informationen.[6] Für diese Abhandlung gehe ich jedoch vom Medienbegriff als technische Medien aus. Dazu zählen die bereits erwähnten digitalen Medien Computer oder auch Internet sowie Tablets und Smartphones, deren Einfluss durch die ständige Entwicklung immer weiter wächst. „Unser Alltag ist zunehmend von digitalen Medien durchdrungen."[7]

---

[3] Döbeli Honegger, Beat, *Mehr als 0 und 1: Schule in einer digitalisierten Welt*, Bern : hep, der Bildungsverlag, 2016, S. 16.

[4] ebd., S. 8.

[5] Schill, Wolfgang, *Integrative Medienerziehung in der Grundschule: Konzeption am Beispiel medienpädagogischen Handels mit auditiven Medien*, München : kopaed, 2008, S. 23.

[6] ebd.

[7] Bertelsmann Stiftung (Hrsg.), *Individuell fördern mit digitalen Medien : Chancen, Risiken, Erfolgsfaktoren*, Gütersloh : Verlag Bertelsmann Stiftung, 2017, S. 20.

3. Historische Entwicklung von Medien im Unterricht

„Medieneinsatz weist in der Schule bekanntermaßen eine lange Tradition auf."[8] In der Zeit der Antike, von ca. 2500 vor Christus bis 800 nach Christus, war das wichtigste und das am meisten verbreitete Medium der Mensch. Dieser fungierte als Priester, Seher oder auch Lehrer.

Die große Bedeutung des Menschenmedium nahm erst mit der Erfindung der Schreibmedien ab. Zunächst wurden Blätter aus beispielsweise Papyrus genutzt bis später ganze Bücher entstanden. Die Schreibmedien gewannen zwar rasch an großer Bedeutung ersetzten jedoch nicht den Menschen. Neben diesen beiden Medien nutze man im Unterricht auch verschiedene Gestaltungsmedien. Zu diesen gehörten zum Beispiel Gemälde, Statuen oder auch Gefäße. Ab dem 6. Jahrhundert wurde die Tafel als weiteres Schreib- und Gestaltungsmedium zur besseren Visualisierung im Unterricht genutzt. Hier wurden zunächst geweißte Holz- und Tontafeln verwendet.

Der Einfluss und die Rolle der Mensch-, Schreib- und Gestaltungsmedien änderte sich bis zum Mittelalter nicht. Alle drei Medien entwickelten sich weiter. So profitierten die Gestaltungsmedien zum Beispiel vom Kirchenbau, da dort eine Vielzahl an Gemälden, Skulpturen und Fensterglas genutzt werden konnte. Die Menschenmedien bedienten sich neuer Methoden wie Gesang, Geschichtenerzählung sowie Sagen. Den Schreibmedien kam eine immer größere Bedeutung zu, da auch immer mehr Menschen Bücher und Briefe nicht nur in schulischen Belangen nutzen, sondern auch im Alltag. Ein großer Aufschwung kam 1448 mit Johannes Gutenbergs Erfindung. Er erfand den automatischen Buchdruck und machte Bücher damit zum Massenmedium, da diese nun erschwinglich für jedermann waren. Dieser Aufschwung hielt bis in die Neuzeit, circa 1400 bis 1900, an und lies den Menschen als Medium immer mehr in den Hintergrund rücken. Die Menschen waren nun in der Lage sich Bildung aus Büchern anzueignen. Lesen statt zuhören. Das wurde um 1700 durch die Erfindung der Zeitung noch mehr gefördert.

In den folgenden Jahren kam es zu einer großen Menge an technisch und innovativen Erfindungen im Bereich der audiovisuellen Medien. Von Telegrafen über die ersten bewegten Bilder bis zum Fernseher, Radio und Tonfilm, welche Mitte des 20.

---

[8] Albers, Carsten, Magenheim, Johannes, Meister, Dorothee M. (Hrsg.), *Schule in der Digitalen Welt: Medienpädagogische Ansätze und Schulforschungsperspektiven* (Band 8), Wiesbaden : VS, Verl. für Sozialwiss., 2011, S. 7.

Jahrhunderts zu den wichtigsten Medien wurden. Ende des 19. Jahrhunderts wurde der erste Schulfilm entwickelt.

Ab dem 2. Weltkrieg begann der Erfolgszug der elektrischen und digitalen Medien. 1945 bis 1955 wurden die ersten Allzweckrechner gebaut, welche die Vorfahren der heutigen Computer waren. Durch ständige Entwicklung erhielten Computer, Fernsehen, Radio und Telefon immer mehr Bedeutung im alltäglichen Leben und somit auch in der Schule. Anfang der 60er Jahre wurde mit dem „Berliner Modell"[9] von der Konferenz der Kulturminister die Medienwahl in die Schulreform aufgenommen. Unterrichtsmedien sollten von nun an in die Planung, Durchführung und Reflexion vom Unterricht aufgenommen werden. In den 80er Jahren fanden die „Neuen Medien"[10] den Weg in die Schulen. Mit dem Computer, Multimedia und Internet trafen auf die Lehrer und Schüler eine Vielzahl an neuen Bildungsprogrammen und Lernsoftware. Das Lernen und Lehren wurde revolutioniert und somit automatisiert, interaktiver und weltweit.[11]

4. Möglichkeiten des Einsatzes digitaler Medien in Schulen

4.1 Computerräume

Der Computerraum soll als ein Fachraum dienen. Diese Räume sollen ähnlich eines Kunst-, Musik- oder Naturwissenschaftsraum, mit den Werkzeugen, in dem Fall Computern, und allen dafür benötigten Materialien ausgestattet sein. Die Computerräume sind gedacht als Unterrichtsräume oder Räume für Freiarbeit und Internetrecherche. Diese Form ist momentan die in Deutschland am weitesten verbreitete Form des Medieneinsatzes in Schulen. Diese Räumlichkeiten sind jedoch nicht vorteilhaft für anderen Unterricht, da ein Raumwechsel nötig wäre und die meist begrenzte Anzahl an solchen Computerräumen eine Buchung erforderlich macht. Ein

---

[9] Das „Berliner Modell" wurde von Paul Heinemann entwickelt. Es ist ein praktikables Entscheidungsmodell, welches Lehrern bei der Unterrichtsplanung helfen soll, um möglichst viele den Unterricht beeinflussende Faktoren zu berücksichtigen. So auch den Einsatz der richtigen Medien.

[10] Mit dem Begriff „Neue Medien" sind elektronische Geräte gemeint, welche den Nutzer mit dem Internet verbinden und Interaktivität ermöglichen. Dazu gehören Computer, Tablets oder auch Smartphones.

[11] Toman, Hans, *Historische Belange und Funktionen von Medien im Unterricht: Grundlagen und Erfahrungen*, Baltmannsweiler : Schneider-Verl. Hohengehren, 2006, S. 18-47.

solcher Raum kann nicht flexibel genutzt werden. *„Für Maßnahmen im Kontext indi-vidueller Förderung eignet sich der Computerraum wenig, da er nur punktuell genutzt werden kann.*[12] *Wenn Computerräume aber zu bestimmten Zeiten Schülerinnen und Schülern zur individuellen Freiarbeit zur Verfügung stehen, ergeben sich Einsatz-möglichkeiten, die die Ziele individueller Förderung außerhalb des Unterrichtsge-schehens unterstützen können.“*[13]

4.2 Medienecken in Klassen- und Fachräumen

Besonders in Grundschulen hat sich die Form der Medienecken in Klassenräumen durchgesetzt. Dabei werden in Klassenräumen ein oder mehrere Computer aufge-stellt, welche in bestimmten Lernphasen genutzt werden können. Das macht für kur-ze Sequenzen eines Themenbereiches eine situative Nutzbarkeit möglich. Das einzi-ge Problem ist die limitierte Anzahl an Computern, da nicht alle gleichzeitig arbeiten können. Das verlangt vom Lehrenden, dass dieser das passende Szenario für den Einsatz finden muss.[14] *„Medienecken in Klassen- und Fachräumen können individu-elle Förderung unterstützen, weil sie einzelnen Lernenden oder kleinen Gruppen in individualisierten Lernphasen zur Verfügung stehen.“*[15]

4.3 Notebook-Wagen oder Tablet-Koffer

Diese Variante ermöglicht ein mobiles Lernen. Nicht die Lernenden gehen in den Computerraum, sondern die Computer kommen zu ihnen. Der Lehrende hat die Möglichkeit Medien gezielt einzusetzen, damit diese in den Unterrichtsverlauf pas-sen. Bei ausreichender Verfügbarkeit ist es möglich, dass jeder Schüler mit einem Gerät arbeiten kann und sollte dies nicht der Fall sein, dann ist der Einsatz in Grup-pen möglich. Das Problem ist hierbei ist der Transport. Der Lehrende müsste den Einsatz im Vorfeld geplant haben. Bei den Laptopwagen kommt der sperrige Trans-port zwischen mehreren Etagen dazu, welcher nur schwer möglich ist. Eine Schule

---

[12] Bertelsmann Stiftung (Hrsg.), *Individuell fördern mit digitalen Medien : Chancen, Risiken, Erfolgsfaktoren*, Gütersloh : Verlag Bertelsmann Stiftung, 2017, S. 108-109.

[13] ebd., S. 109.

[14] ebd., S. 110.

[15] ebd.

müsste einen Aufzug oder je Etage einen dieser Wagen besitzen. Das alles fordert eine gute Organisation der Lehrenden.[16]

Notebookwagen oder Tablet-Koffer „biete[n] sich an, um in ausgewählten Stunden im Klassenraum eine Lernumgebung einzurichten, in der Lernende individuell mit digitalen Medien arbeiten können."[17]

4.4 Notebook-Klassen, Netbook-Klassen oder Tablet-Klassen

Notebook-, Netbook- und Tablet-Klassen werden auch 1:1 Ausstattungen gennant. Die technische Weiterentwicklung schuf aus Notebook-Klassen die Netbook-Klassen und als die modernste Form die Tablet-Klassen. Bei dieser Variante bekommt jeder Schüler ein eigenes personalisiertes Gerät. Die Computer sind somit zu jeder Zeit im Unterricht verfügbar und können von den Lernenden selbstgesteuert genutzt werden. Die Personalisierung der Geräte bringt den Vorteil mit sich, dass diese mit nach Hause genommen werden können und damit ein Arbeiten ohne Medienbrüche möglich wird. Die Technologie muss hierbei als ein selbstverständliches Werkzeug angesehen und regelmäßig genutzt werden, da die Ausstattung allein zu keinen besseren Ergebnissen führen würde. Neben fachlichen Lernerfolgen können die Schüler ihre Textproduktion verbessern, genau wie die Fähigkeit des Schreibens auf der Tatstatur. Momentan fehlt es jedoch an langfristigen Studien zur 1:1 Ausstattung, um sagen zu können, welche Bedingungen nötig sind und ob dieses Konzept Lernerfolge bringen kann. Die meisten Projekte gingen nicht über die Erprobungsphase hinaus. Ein Grund dafür sind die hohen Kosten und der hohe administrative Aufwand, welcher auf die jeweiligen Schulen zukommt.[18]

„1:1 Ausstattungen mit mobilen Geräten ermöglichen es Lernenden, jederzeit im Unterricht auf digitale Medien zuzugreifen. So können sich Handlungspraxen grundlegend ändern und digitale Medien von Lernenden konsequent in individualisierten Lernprozesse eingebunden werden."[19]

---

[16] ebd., S. 110 - 111.

[17] ebd., S. 111.

[18] ebd., S. 111 - 114.

[19] ebd., S. 114.

4.5 Bring your own Device (BYOD)

„Neue Medien sind im jugendlichen Alltag angekommen und werden von diesen intensiv genutzt."[20] Die Lernenden bringen in diesem Fall ihre privaten Geräte mit in die Schule. Die Schüler sind mit ihren Geräten vertraut und können mit diesen umgehen, somit ist keine Einarbeitung nötig. Sehr verbreitet sind Smartphones, Tablets und Notebooks. Diese persönlichen Medien müssten den Lernenden dauerhaft in der Schule zur Verfügung stehen. Die Schüler übernehmen Verantwortung für ihre eigenen Privatgeräte und gewährleisten deren Funktionsfähigkeit. Zeitgleichen lernen sie, welche Geräte für welche Arbeit am besten geeignet sind und die individuelle Arbeit wird gefördert. Bislang wurde dieses Modell in Deutschland nicht getestet, jedoch belegen Projekte anderer Länder, dass der Einsatz eigener Geräte im Gegensatz zu Leihgeräten[21] den Lern- und Arbeitsprozess dauerhaft verbessert. Die Lehrkräfte stehen jedoch vor der Herausforderung der Gerätevielfalt. Die Schüler werden unterschiedlich ausgestattet sein. Unterschiedliche Marken, Geräte, Betriebssysteme oder technische Aktualität kann zu Differenzen führen und die Arbeit erschweren.[22]

„Das Prinzip BYOD unterstützt individualisiertes Lernen, weil Lernende jederzeit auf ihnen vertraute Technik zugreifen können. Die Herausforderungen, die mit einer heterogenen Ausstattungssituation durch BYOD verbunden sind, ähneln den Veränderungen im Unterricht, die eine stärker Fokussierung auf individuelle Förderung ebenfalls erfordert. BYOD kann vermutlich von Lehrkräften besser integriert werden, wenn sie individueller Förderung Raum geben, als wenn sie traditionellere Unterrichtsmodelle favorisieren. Dennoch stellt die Arbeit in einer technischen Umgebung, die die Lehrkraft nicht mehr Überblicken kann, eine Herausforderung dar."[23]

---

[20] Michael Ahlers, *Neue Medien im interdisziplinären Musikunterricht - Geschichte, Chancen, Beispiele*, in Albers, Carsten, Magenheim, Johannes, Meister, Dorothee M. (Hrsg.), *Schule in der Digitalen Welt: Medienpädagogische Ansätze und Schulforschungsperspektiven* (Band 8), Wiesbaden : VS, Verl. für Sozialwiss., 2011, S. 234.

[21] Mit Leihgeräten sind Geräte aus beispielsweise einer 1:1 Ausstattung wie Notebook-, Netbook- oder Tablet-Klassen, bei denen die Geräte von der Schule gestellt werden

[22] Bertelsmann Stiftung (Hrsg.), *Individuell fördern mit digitalen Medien : Chancen, Risiken, Erfolgsfaktoren*, Gütersloh : Verlag Bertelsmann Stiftung, 2017, S. 114 - 117.

[23] ebd., S. 117.

4.6 Beamer und interaktive Whiteboard's

Der Beamer ist das am meisten verwendete Präsentationsmedium. Er ist flexibel einsetzbar, handlich und leicht zu bedienen. Manche Schulen haben Beamer bereits an den Decken der Klassenräumen verbaut oder als mobile Geräte in Taschen. In Verbindung mit einem Computer, Laptop oder Tablet steht somit ein ausgezeichnetes Präsentationsmedium zur Verfügung, welches sich für Präsentationen eignet und diese aufwertet und interessanter macht.[24]

In Verbindung kann ein Beamer als interaktives Whiteboard verwendet werden. Bei einem Interaktiven Whiteboard handelt es sich um eine „[...] berührungsempfindliche, auf digitaler Basis funktionierende Weißwandtafel, die über einen Computer mit einem Beamer verbunden wird"[25] Auf der Oberfläche dieser Tafeln können mit der Hand oder speziellen Stiften Tafelbilder erstellt werden. Diese Tafelbilder können abgespeichert und bei Bedarf weiter bearbeitet werden. Dazu kommt, dass man durch den Internetzugang den Schülern Bilder und Videosequenzen zeigen kann. Bereits heute ist es der Fall, dass nach und nach in den Schulen traditionelle Kreidetafeln durch interaktive Whiteboards ersetzt werden. Die hohen Anschaffungskosten dieser Tafeln verlangsamen den Wechsel jedoch enorm. Die Lehrer, welche die interaktiven Whiteboards nutzen, müssen Weiterbildungen absolvieren, um somit auch die anderen Lehrer ihrer Schule in die Hard- und Software einarbeiten zu können.[26]

Die Beamer und die interaktiven Whiteboards bieten den Lehrern die Möglichkeit einer interessanten und abwechslungsreichen Unterrichtsgestaltung.

5. Herausforderungen für die Schulen

Die Möglichkeiten sind gegeben, jedoch stehen die Schulen mit diesen Möglichkeiten vor einer großen Zahl an Herausforderungen.

Zunächst muss eine Schule die digitalen Medien anschaffen. Laut dem Moorschen Gesetz ließen sich in den letzten 40 Jahren alle 1,5 Jahre doppelt so viele Transisto-

[24] Bühler, Peter, Schlaich, Patrick, *Präsentieren in Schule, Studium und Beruf*, 2. Auflage, Berlin [u.a.]: Springer Vieweg, 2013, S. 152 - 153.

[25] Aufenanger, Stefan, Bauer, Petra (Red.), *Interaktive Whiteboards. Lernen und Lehren mit digitalen Medien, Computer und Unterricht*, Heft Nummer 78, Seelze: Friedrich Verlag GmbH, 2010, S. 6.

[26] Bühler, Peter, Schlaich, Patrick, *Präsentieren in Schule, Studium und Beruf*, 2. Auflage, Berlin [u.a.]: Springer Vieweg, 2013, S. 158 - 159.

ren auf einer Chipfläche unterbringen und das bedeutet, dass circa alle anderthalb Jahre die Computerchips doppelt so leistungsfähig werden. Für die Schulen heißt das wiederum, dass die Geräte in geeigneten Abständen regelmäßig ersetzt oder erweitert werden müssen, damit man auf dem neusten Stand der Technik bleiben kann. Nicht zu vergessen ist dabei die regelmäßige Wartung der Geräte.[27] Schüler und Lehrer nutzen digitale Medien im Alltag und entwickeln somit individuelle mediale Erfahrungen und Praxen.[28] „Jugendliche im Alter zwischen 12 und 19 Jahren wachsen heute in Haushalten mit reichhaltiger medialer Ausstattung auf, dies belegen die Zahlen der Studie „Jugend, Information, (Multi-)Media (JIM)" des Medienpädagogischen Forschungsverbundes Südwest (2010). Die Jugendlichen selbst besitzen vor alle eigene Handys oder MP3-Player und knapp 80% beider Geschlechtsgruppen verfügen über einen eigenen Rechner."[29] Die Vorerfahrungen der Kinder und Jugendlichen können jedoch unterschiedlich sein und es kann nicht von jedem erwartet werden, dass sie die selben Kompetenzen mitbringen. Das kann auch zu einer digitalen Spaltung führen, denn ungleiche Zugangsweisen und Möglichkeiten könnten die gesellschaftliche Ungleichheit vergrößern.

„Gewichtiger als ein möglicher Mangel an Medienkompetenz der Schülerinnen und Schüler erscheint aber die [...] mediendidaktische Kompetenz einer Mehrheit von Lehrkräften an jeder Schule."[30] Diesen technischen Aspekten stehen verschiedenste organisatorische und personelle Schwierigkeiten gegenüber. Lehrer müssen für den richtigen Umgang und Einsatz der digitalen Medien im Unterricht ausgebildet und in regelmäßigen Abständen weitergebildet werden. Dies dient für einen immer kritischeren und bewussteren Umgang mit Medien in einer sich ständig verändernden digitalen Welt.[31]

---

[27] Albers, Carsten, Magenheim, Johannes, Meister, Dorothee M. (Hrsg.), *Schule in der Digitalen Welt: Medienpädagogische Ansätze und Schulforschungsperspektiven* (Band 8), Wiesbaden : VS, Verl. für Sozialwiss., 2011, S. 10 - 11.

[28] Bertelsmann Stiftung (Hrsg.), *Individuell fördern mit digitalen Medien : Chancen, Risiken, Erfolgsfaktoren*, Gütersloh : Verlag Bertelsmann Stiftung, 2017, S. 108 - 109.

[29] Michael Ahlers, *Neue Medien im interdisziplinären Musikunterricht - Geschichte, Chancen, Beispiele*, in Albers, Carsten, Magenheim, Johannes, Meister, Dorothee M. (Hrsg.), *Schule in der Digitalen Welt: Medienpädagogische Ansätze und Schulforschungsperspektiven* (Band 8), Wiesbaden : VS, Verl. für Sozialwiss., 2011, S. 223.

[30] Albers, Carsten, Magenheim, Johannes, Meister, Dorothee M. (Hrsg.), *Schule in der Digitalen Welt: Medienpädagogische Ansätze und Schulforschungsperspektiven* (Band 8), Wiesbaden : VS, Verl. für Sozialwiss., 2011, S. 10.

[31] ebd., S. 10 - 11.

6. Vor- und Nachteile digitaler Medien

„Die Diskussion um mögliche Vor- und Nachteile digitaler Medien in der Schule wird in Deutschland derzeit sehr kontrovers geführt: Die einen warnen vor der totalen Computerisierung und Digitalisierung, sprechen gar von drohender digitaler Demenz und fordern ein generelles Verbot von Smartphones an Schulen. Sie sind davon überzeugt, dass digitale Medien Kinder und Jugendliche eher vom Lernen abhalten. Die anderen wünschen sich eine Breitbandanbindung von Schulen mit flächendeckendem WLAN, setzen sich dafür ein, dass Tablet- und Laptop-Klassen eingerichtet werden oder Schüler wenigstens ihr eigenen mobilen Endgeräte mit in die Schulen bringen dürfen."[32] Ich möchte hier lediglich eine Auswahl an Vor- und Nachteilen geben, welche nach meiner Ansicht sehr wichtig sind.

6.1 Vorteile der digitalen Medien

„Digitale Daten sind platzsparend speicherbar und lassen sich über Datennetze weltweit kostengünstig übermitteln."[33] Jedes Klassenzimmer könnte dadurch über eine ganze Bibliothek und Videothek verfügen. Die Möglichkeiten wären scheinbar grenzenlos. Lernerfolge der Schüler können nachgewiesen werden, indem man die Übungsdaten speichert. Somit wäre eine individuelle Förderung der Schüler möglich, da der Computer die Lernerfolge auswerten könnte und die neuen Aufgaben an den Leistungsstand des jeweiligen Schülers anpasst. Defizite könnten individuell aufgearbeitet werden, welche im normalen Unterrichtsalltag nicht oder nur teilweise berücksichtigt werden. Die „Effizienz [von Lernprogrammen] wurde seit den 1980er Jahren wiederholt in Meta-Analysen belegt, insbesondere wenn sie gezielt zur individuellen Förderung von Schülern mit Lerndefiziten im Unterricht eingesetzt werden."[34] Schulbücher sind schnell überholt, abgenutzt oder nicht mehr auf dem neusten Wissensstand. Schulen müssen dann neue Sätze an Schulbüchern kaufen, welche sehr teuer sind. Würde eine Schule jedoch mit beispielsweise eBooks arbeiten, müsste

---

[32] Bertelsmann Stiftung (Hrsg.), *Individuell fördern mit digitalen Medien : Chancen, Risiken, Erfolgsfaktoren*, Gütersloh : Verlag Bertelsmann Stiftung, 2017, S. 8.

[33] Döbeli Honegger, Beat, *Mehr als 0 und 1: Schule in einer digitalisierten Welt*, Bern : hep, der Bildungsverlag, 2016, S. 17.

[34] Schaumburg, Heike (i. A.), Bertelsmann Stiftung (Hrsg.), *Chancen und Risiken digitaler Medien in der Schule: Medienpädagogische und -didaktische Perspektiven*, Gütersloh : Verlag Bertelsmann Stiftung, 2015, S. 35.

die Schule lediglich die neuste Version downloaden. Die Kosten wären geringer, es gäbe kein Müll und kein Papier müsste bedruckt werden. Digitalen Medien bringen sowohl ökologische als auf ökonomische Vorteile mit sich.

„Anders als mit traditionellen Medien wie Schulbüchern oder der Tafel, mit denen Lerninhalte hauptsächlich in Form von Texten und Bildern präsentiert werden, bieten digitale Medien die Möglichkeit, Inhalte multimedial und interaktiv aufbereitet sowie miteinander vernetzt zu präsentieren."[35] Lehrenden stehen mit dem Einsatz digitaler Medien eine Vielzahl an Möglichkeiten zur verfügung. Bilder, Videos, Lernspiele und vieles mehr können zum Einsatz gebracht werden und somit den Unterricht abwechslungsreicher gestalten. Die digitalen Medien verfügen über viel mehr didaktisches Potenzial.

Schüler könnten Computer zur Recherche von Informationen nutzen. Das Internet bietet auch eine Verknüpfung zu Schülern aus anderen Klassen, Schulen oder Ländern. Die Schüler können sich austauschen oder sogar zusammen arbeiten in Onlinegruppenarbeit beziehungsweise Lerngruppen. Das kann neben Lernerfolgen auch neuen Freundschaften bringen. Die Kommunikation am Computer oder Laptop über Emails oder Chats dient ebenfalls als eine Übung für das sichere Schreiben mit auf der Tastatur.

Die Schüler selbst haben viel mehr Interesse und Motivation daran mit dem Computer oder anderen digitalen Medien zu arbeiten, als einem monotonen Frontalunterricht zu folgen. Die intrinsische Motivation ist beispielsweise bei einem Lernspiel, bei dem der Herausforderungscharakter sehr hoch ist, viel stärker, als bei der Arbeit mit einem Arbeitsblatt oder Ähnlichem.[36] Das könnte auch einen positive Lernwirksamkeit zur Folge haben.

Interaktive Whiteboards bringen neben den Computern ebenfalls zahlreiche Vorteile mit sich. Lehrer können ihre entwickelten Tafelbilder damit abspeichern und zu einem späteren Zeitpunkt wieder aufrufen. Durch den ständigen Internetzugang können Lehrer den Schülern schnell Videosequenzen oder Bilder zeigen.

Insgesamt bringen die neuen Medien eine Vielzahl an neuen Möglichkeiten mit sich und werden ständig weiterentwickelt. Bei intensiver Nutzung ist eine neue Art des Unterrichts für Schüler und Lehrer möglich.

---

[35] Schaumburg, Heike (i. A.), Bertelsmann Stiftung (Hrsg.), *Chancen und Risiken digitaler Medien in der Schule: Medienpädagogische und -didaktische Perspektiven*, Gütersloh : Verlag Bertelsmann Stiftung, 2015, S. 33.

[36] ebd., S. 34.

6.2 Nachteile der digitalen Medien

Den Vorteilen stehen eine Reihe von Nachteilen gegenüber. Wird der Einfluss der Medien zu groß, dann könnte dies dazu führen, dass Kinder in eine Art Sucht verfallen. Die Freizeit der Kinder und Jugendlichen ist bereits stark von digitalen Medien geprägt.[37] Durch die intensive Nutzung in der Schule und im Unterricht wird die Nutzungsdauer noch einmal erhöht. Die Kinder tauchen noch tiefer und intensiver in eine virtuelle Welt ein, diese prägt deren Leben und Erfahrungen. Das könnte dazu führen, dass in Alltagssituationen Verwirrung oder Überforderung bei den Kindern auftritt, da diese nicht ihrer virtuellen Wirklichkeit entsprechen. Die Schulen könnten den Kindern bei übermäßigen oder falschen Einsatz eine falsche beziehungsweise neue virtuelle Wirklichkeit vermitteln, welche in sich Gefahren trägt.

Die Nutzung des Internets eröffnet den Kindern Zugang zu Informationen, welche für diese nicht geeignet sind. So könnte ein Kind ohne ausreichenden Schutz auf pornografische und gewalthaltige Inhalte zugreifen. Das könnte zu großen Gefahren führen.

Angenommen Kinder lernen das Lesen und Schreiben bereits am Computer, dann würde die Entwicklung der Handschrift in den Hintergrund rücken oder auch behindert werden. Nach Silke Heimes, Expertin für kreatives und therapeutisches Schreiben, ist das handschriftliche Schreiben durchaus wichtig. In einem Interview sagte sie, dass durch die komplexen Bewegungen beim Schreiben die Feinmotorik verbessert wird. Gleichermaßen wird auch die Geschicklichkeit und Koordination gefördert. All das würde beim Schreiben auf einer Tastatur nicht möglich sein, da dabei die Finger lediglich auf und ab gehen.[38]

Als einen weiteren und großen Nachteil sehe ich die unzureichende Computerkompetenz bei Lehrkräften und Schülern. Die Lehrer könnten sich durch engagierte Schüler, welche sich sehr gut mit der Technik auskennen, überfordert fühlen und eventuell Angst davor haben mit diesen zu arbeiten. Lehrer müssten zunächst in diesen Bereichen ausgebildet und natürlich auch weitergebildet werden, da die Technik sich ständig weiterentwickelt. Beinahe jeden Monat kommen neue Geräte auf den

---

[37] Michael Ahlers, *Neue Medien im interdisziplinären Musikunterricht - Geschichte, Chancen, Beispiele*, in Albers, Carsten, Magenheim, Johannes, Meister, Dorothee M. (Hrsg.), *Schule in der Digitalen Welt: Medienpädagogische Ansätze und Schulforschungsperspektiven* (Band 8), Wiesbaden : VS, Verl. für Sozialwiss., 2011, S. 234.

[38] Heimes, Silke, Essen: FUNKE MEDIEN NRW GmbH, 2015, https://www.derwesten.de/wochenende/was-ist-besser-das-schreiben-mit-stift-oder-mit-tastatur-id10482192.html, 29.03.2018.

Markt, welche immer wieder neue Funktionen mit sich bringen. Wie diese genau funktionieren und was zu beachten ist, das müssen Lehrer wissen, wenn diese die Medien einsetzen wollen. Ähnlich ist das Problem bei den Schülern. Jede Familie hat unterschiedliche finanzielle Möglichkeiten um ihre Kinder auszustatten und das kann zu unterschiedlichen Vorkenntnissen führen. Manche Kinder können Experten sein und andere eventuell ohne Vorwissen.

Was für Kinder noch nicht von Bedeutung sein könnte jedoch Eltern zum nachdenken anregen könnte ist die Speicherung von persönlichen Daten der Kinder. Leistungs- und Wissensstand könnten über die gesamte Schullaufbahn gespeichert werden und somit ein komplettes Profil über jeden Schüler erstellen.

Der größte Nachteil in meinen Augen ist der Kostenfaktor. Die enorm hohen Preise machen es vielen Schulen fast unmöglich sich mit digitalen Medien auszurüsten. So liegen die Kosten für einen Mittelklasse Laptop bei ca. 500,00 Euro. Das ist bereits ein hoher Preis für ein Gerät. Geht man nun davon aus, dass man eine komplette Klasse damit ausrüsten möchte, dann sprechen wir wo 20 bis 30 Geräten. Es entsteht ein Aufwand von 10.000,00 bis 15.000,00 Euro, bei Mittelklasse Geräten. Über solche Werte verfügen Schulen und Fördervereine meist nicht. Dabei darf man auch nicht außer Betracht lassen, dass die gewartet werden müssen und nach circa drei bis vier Jahren bereits als überholt gelten.

7. Mögliche Zukunft

Das Mooresche Gesetz besagt, dass sich in den letzten 40 Jahren alle 1,5 Jahre doppelt so viele Transistoren auf einer Chipfläche unterbringen ließen. Das bedeutet, dass circa alle anderthalb Jahre die Computerchips doppelt so leistungsfähig werden und das bereits seit 40 Jahren.[39] Wann und ob dieser Prozess ein Ende finden wird, das ist heute nicht vorhersehbar. In Betracht dieser Tatsache ist die Entwicklung der digitalen Medien in der Schule ebensowenig vorhersehbar. Was wir definitiv sagen können, dass es schon immer eine Weiterentwicklung der Medien im Unterricht gegeben hat. Die Geschichte zeigt, dass immer neue Medien entstanden sind und diese alte Medien ersetzt haben. Diese Entwicklung wird sich mit Sicherheit fortsetzen und somit könnte es sein, dass nach und nach auch die traditionellen Unterrichtsmedien, wie Bücher und Tafeln, durch die „Neuen Medien" ersetzt werden. Bereits heute

---

[39] Döbeli Honegger, Beat, *Mehr als 0 und 1: Schule in einer digitalisierten Welt*, Bern : hep, der Bildungsverlag, 2016, S. 18 - 19.

lesen viele Menschen ihre Bücher auf eBooks. Warum nicht auch eBooks für die Schule? Kinder brauchen nur ein Gerät und müssen nicht viele schwere Bücher tragen. Es gibt heutzutage in vielen Schulen bereits Beamer und interaktive Whiteboards, welche die Tafel nicht nur ersetzen können sondern auch um weites mehr zu bieten haben. Ganz futuristisch gedacht wäre es auch denkbar, dass der Lehrer, welcher über Jahrtausende das Zentrum des Unterrichts bildete, in naher Zukunft ersetzt werden könnte. Sicher wäre es möglich einen Computer mit entsprechender Lernsoftware den Unterricht führen zu lassen, Leistungen werden Online erbracht und ausgewertet.

„In gewisser Hinsicht ist es gut denkbar, dass auch die Menschheit die weitere Entwicklung der Digitalisierung noch nicht wirklich abschätzen kann."[40]

8. Fazit

Die digitalen Medien haben bereits Einzug in unsere Schulen erhalten und werden ihre Position in der Zukunft festigen und ausbauen. Ich denke, dass diese Entwicklung immer stärker und schneller gehen wird. Die alten Medien werden aus der Schule verschwinden und ersetzt durch die neuen und interaktiven Medien. Auch wenn es viele Gegner der Technisierung gibt, wird sich der Vorgang fortsetzen. Jüngere Lehrer werden bereits im Studium mit den neuen Methoden konfrontiert und werden diese in ihrer späteren beruflichen Laufbahn auch umsetzen. Der Unterricht wird durch die neuen Medien interessanter, individueller und moderner werden. Diese Entwicklung ist in der Geschichte schon immer so gewesen. Früher rechneten Schüler mit Steinen oder den Händen, dann wurde der Rechenschieber oder Abakus erfunden. Alle nutzen die neuen Geräte bis eines Tages der Taschenrechner erfunden wurde. Heute nutzen die Schüler bereits programmierbare Taschenrechner mit Farbdisplays. Es gibt natürlich zahlreiche Gründe, welche gegen diesen Wandel sprechen, jedoch überwiegen in meinen Augen die positiven Gründe. Neben vielen Gefahren gibt es umso mehr Möglichkeiten. Das einzige Medium, welches nicht geändert werden kann, das ist der Lehrer. Der Lehrer wird die zentrale Person im Unterricht bleiben, da eine sorgfältige und individuelle Planung im Bildungsprozess immer nötig sein wird. Man kann bestimmte Situationen nicht mit Programmen berech-

---

[40] Döbeli Honegger, Beat, *Mehr als 0 und 1: Schule in einer digitalisierten Welt*, Bern : hep, der Bildungsverlag, 2016, S. 19.

nen. Auch die Handschrift wird eventuell immer weiter in den Hintergrund rücken, sie wird jedoch immer eine Rolle spielen, da sie als Kulturgut erhalten werden muss.

Ich sehe den Wandel als eine Weiterentwicklung und Verbesserung an. Wenn es nie Entwicklungen in der Menschheitsgeschichte gegeben hätte, dann würden wir eventuell noch heute in Höhlen leben und wüssten nich einmal was Schule bedeutet. Hier möchte ich abschließen noch einmal das Zitat von Döbeli Honegger nennen, weil dieses meiner Meinung entspricht „Ende der Kreidezeit, Tablets statt Schiefertafeln."[41]

---

[41] ebd., S. 16.

9. Literaturverzeichnis

Albers, Carsten, Magenheim, Johannes, Meister, Dorothee M. (Hrsg.), *Schule in der Digitalen Welt: Medienpädagogische Ansätze und Schulforschungsperspektiven* (Band 8), Wiesbaden: VS, Verl. für Sozialwiss., 2011.

Aufenanger, Stefan, Bauer, Petra (Red.), *Interaktive Whiteboards. Lernen und Lehren mit digitalen Medien, Computer und Unterricht*, Heft Nummer 78, Seelze: Friedrich Verlag GmbH, 2010.

Bertelsmann Stiftung (Hrsg.), *Individuell fördern mit digitalen Medien : Chancen, Risiken, Erfolgsfaktoren*, Gütersloh : Verlag Bertelsmann Stiftung, 2017.

Bühler, Peter, Schlaich, Patrick, *Präsentieren in Schule, Studium und Beruf*, 2. Auflage, Berlin [u.a.]: Springer Vieweg, 2013.

Döbeli Honegger, Beat, *Mehr als 0 und 1: Schule in einer digitalisierten Welt*, Bern: hep, der Bildungsverlag, 2016.

Meyer, Hilbert, *Unterrichtsmethoden*, Frankfurt am Main: Cornelsen Scriptor, 1987.

Schaumburg, Heike (i. A.), Bertelsmann Stiftung (Hrsg.), *Chancen und Risiken digitaler Medien in der Schule: Medienpädagogische und -didaktische Perspektiven*, Gütersloh : Verlag Bertelsmann Stiftung, 2015

Schill, Wolfgang, *Integrative Medienerziehung in der Grundschule: Konzeption am Beispiel medienpädagogischen Handels mit auditiven Medien*, München: kopaed, 2008.

Toman, Hans, *Historische Belange und Funktionen von Medien im Unterricht: Grundlagen und Erfahrungen*, Baltmannsweiler : Schneider-Verl. Hohengehren, 2006.

10. Internetquellenverzeichnis

Heimes, Silke, Essen: FUNKE MEDIEN NRW GmbH, 2015, https://www.derwesten.-
de/wochenende/was-ist-besser-das-schreiben-mit-stift-oder-mit-tastatur-
id10482192.html, 29.03.2018.

BEI GRIN MACHT SICH IHR WISSEN BEZAHLT

- Wir veröffentlichen Ihre Hausarbeit,
  Bachelor- und Masterarbeit

- Ihr eigenes eBook und Buch -
  weltweit in allen wichtigen Shops

- Verdienen Sie an jedem Verkauf

Jetzt bei www.GRIN.com hochladen und kostenlos publizieren